Aventura en septiembre

La pequeña hoja roja se pierde

ISBN : 978-1-7383547-2-6
Publicado por Mybellina Pepper Media Group

Era una hermosa tarde de septiembre en el bosque y como siempre en otoño, todas las hojas de los grandes árboles empezaban a cambiar de color. "Ahora niños", explicó la madre-árbol, "es muy importante que recordéis que el invierno está a punto de llegar. Debéis prometerme que os quedaréis muy cerca de mi tronco cuando llegue el momento de soltar vuestra rama. De lo contrario, el frío viento invernal os arrastrará y os llevará muy lejos".

La pequeña hoja roja no prestaba tanta atención a su madre como sus hermanos y hermanas. Estaba demasiado ocupada mirando todas las cosas maravillosas que le causaban tanta curiosidad.

De repente, la pequeña hoja roja tuvo una idea. "Voy a soltar mi rama y echar un vistazo. Nadie se dará cuenta y volveré antes de que nadie se despierte", pensó.

Mientras todas las hojitas se aferraban a sus ramas, roncando de placer y soñando con días soleados, la hojita roja se desprendió suavemente de su rama.

Derrapó, luego bajó, bajó y bajó hasta el suelo aterrizando suavemente sobre el musgo. Salvo que acabó de cara, el aterrizaje fue perfecto.
Bonk!

Mira a su alrededor y se asombra de que todo parezca tan gigantesco. Desde su rama en lo alto del árbol, todo parece mucho más pequeño de lo que es en realidad. Se maravilla ante la belleza del bosque que la rodea.

Se levantó del suelo y empezó a explorar este increíble lugar nuevo. Su madre le había contado muchas historias sobre los amigos del bosque que vivían en el agua. Al acercarse al agua, oyó un sonido familiar...

Ribbit...
Ribbit

Se sorprendió al ver una rana vieja. "Ah, hola", dijo la hojita roja a la rana de aspecto enfadado. La rana vieja croó: "¡Fuera de mi roca! "Oh, perdone, lo siento mucho", dijo la hojita roja muy nerviosa. "Es que..."

La rana croó: "¡No importa! No me gustan los extraños en mi roca, ¡así que vete!" Y con eso, la rana saltó de un lado a otro y la pequeña hojo roja se la llevó el viento.

La hojita roja bajó flotando hasta la hierba. "Dios mío, sí que era una rana vieja y gruñona", pensó, y decidió alejarse del agua. Flotó sobre musgo, hierba y troncos viejos. Finalmente, decidió descansar sobre un hermoso trébol.

"Disculpe", dijo la hojita roja. "¡Oh, cielos!", dijo la hojita roja cuando se dio cuenta de que su suave cojín era la pata de una oruga.

Inmediatamente se levantó y se disculpó con la oruga por su comportamiento entrometido. "No pasa nada, suele ocurrir cuando se tienen tantas patas como yo", suspiró la oruga, ambas rieron.

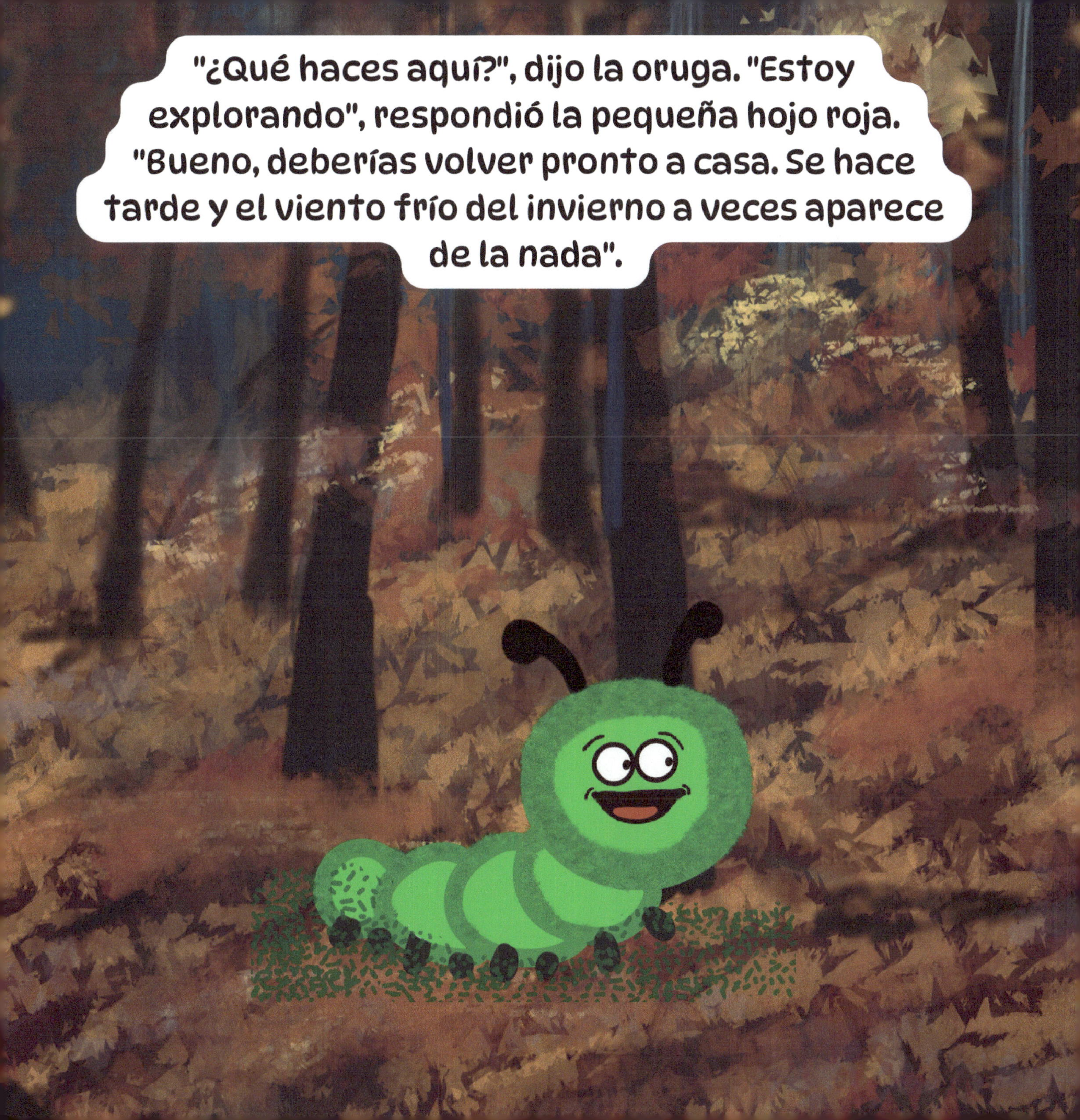"¿Qué haces aquí?", dijo la oruga. "Estoy explorando", respondió la pequeña hojo roja. "Bueno, deberías volver pronto a casa. Se hace tarde y el viento frío del invierno a veces aparece de la nada".

"Quizá tengas razón, oruga. De todas formas estoy un poco cansada, volveré a verte otro día". Con esto, la pequeña hoja roja se despidió de la oruga y empezó a flotar hacia el tronco de su madre.

Mientras se alejaba flotando, se dio cuenta de que la oruga tenía razón: se hacía tarde. De repente se sintió muy ansiosa por volver al árbol madre. "No queda mucho", se dijo mientras se alejaba flotando.
¡UH OH!...

De repente, escucha un sonido desconocido.
¡Whooosh! Muy preocupada, empieza a ir a la deriva,
mucho más rápido que antes.
¡Whoooooosh!...

"¡Whooooosh!" Al oír de nuevo el sonido, fue arrastrada por el frío viento invernal. "¡Oh, no!", gritó. "¡Por favor, que alguien me ayude!" Pero antes de que se diera cuenta, fue lanzada hacia abajo y se estrelló contra el suelo.

Cuando se levantó del suelo y miró a su alrededor, se dio cuenta de que no estaba cerca del árbol de su madre. Gritó "¡Mamá!", pero estaba demasiado lejos para que la oyeran. Estaba sola y muy asustada.

Se sentó y empezó a llorar. "¿Por qué no hice caso a mi madre?", pensó. Se imaginaba segura en su rama con sus hermanos y hermanas. No hizo caso y ahora está perdida.

Mientras la pequeña hoja roja lloraba sentada, la sorprendió de nuevo otro sonido desconocido, Un silbido. "Oh, por favor, viento de invierno, no me lleves más lejos", gritó, y cerró los ojos.

"No tengas miedo, soy la cálida brisa del verano", susurra la suave voz.
Mirando a su alrededor, se dio cuenta de que no era el frío viento invernal.

"¡Oh, brisa de verano!", grita. "¡El viento de invierno me llevó lejos, y ahora estoy perdida!"
"No te preocupes, yo te ayudaré", dijo la suave brisa.
Entonces, la pequeña hoja roja se elevó suavemente y flotó en el aire. Al ver pasar el bosque, exclamó: "¡Es el tronco de mi madre!

La suave brisa frena y posa la pequeña hoja roja en el suelo. "Muchas gracias", dice. Con eso, tan rápido como pudo, se alejó hasta aterrizar contra el tronco de su madre.

Se acurrucó contra su madre. "¡Oh, mamá!", gritó. "Siento mucho no haberte hecho caso, te prometo que siempre me portaré bien y te escucharé con más atención".

Ya estás a salvo en casa", le dijo su madre con dulzura. Cantó su canción de cuna favorita y, en un abrir y cerrar de ojos, la pequeña hoja roja se quedó profundamente dormida.

Desde aquel día, la pequeña hoja roja siempre ha escuchado y prestado atención a las instrucciones de su madre.
FIN...

Diseñado por :

Diseñado por :

AVENTURAS MENSUALES

COLECCIÓN DE OTOÑO